NZZ **Libro**

Kinderfasnacht in Schmidrüti (Gemeinde Turbenthal), 1965.

Alt-Effretikon und Neubauquartier Wattbuck, 1969.　　　> Pflügen mit Pferdegespann, Oberembrach 1969.

Andreas Wolfensberger
Beat Frei

Zürcher Alltag in den sechziger Jahren

Verlag
Neue Zürcher Zeitung

Publiziert mit freundlicher Unterstützung von

Cassinelli-Vogel-Stiftung
BDO VISURA
Eberhard Bau AG, Kloten
Emil Frey AG
a. Bundesrat Dr. Rudolf Friedrich
Gemeinde Elgg
Gemeinde Ellikon an der Thur
Gemeinde Fällanden
Gemeinde Hagenbuch
Gemeinde Hofstetten
Gemeinde Neftenbach
Gemeinde Wald

Ernst Göhner Stiftung
Ulrico Hoepli-Stiftung
Kanton Zürich, Lotteriefonds **LOTTERIEFONDS KANTON ZÜRICH**
Migros-Kulturprozent **MIGROS kulturprozent**
Stiftung der Schweizerischen Landesausstellung 1939
Stadt Winterthur
Stadt Zürich, Präsidialdepartement
Dr. Adolf Streuli-Stiftung
Heinz Toggenburger, Winterthur
Familien-Vontobel-Stiftung

Der Fotograf widmet das Buch seiner Mutter
Marie Krebser-Wolfensberger (1920–2007).

Umschlag:
Sonntagsausflug zum Rosenfeld, Flaach 1966.
Im Hintergrund die Kirche von Berg am Irchel.

Bibliografische Information der Deutschen Nationalbibliothek
Die Deutsche Nationalbibliothek verzeichnet diese Publikation
in der Deutschen Nationalbibliografie; detaillierte bibliografische Daten
sind im Internet über http://dnb.d-nb.de abrufbar.

© 2007 Verlag Neue Zürcher Zeitung, Zürich

Projektleitung: Peter Zehnder, Zürich
Lektorat: Ingrid Kunz Graf, Schaffhausen
Gestaltung: Heinz Egli, Zürich

Dieses Werk ist urheberrechtlich geschützt. Die dadurch begründeten
Rechte, insbesondere die der Übersetzung, des Nachdrucks, des Vortrags,
der Entnahme von Abbildungen und Tabellen, der Funksendung, der
Mikroverfilmung oder der Vervielfältigung auf andern Wegen und der
Speicherung in Datenverarbeitungsanlagen, bleiben, auch bei nur aus-
zugsweiser Verwertung, vorbehalten. Eine Vervielfältigung dieses Werkes
oder von Teilen dieses Werkes ist auch im Einzelfall nur in den Grenzen
der gesetzlichen Bestimmungen des Urheberrechtsgesetzes in der jeweils
geltenden Fassung zulässig. Sie ist grundsätzlich vergütungspflichtig.
Zuwiderhandlungen unterliegen den Strafbestimmungen des
Urheberrechts.

ISBN 978-3-03823-305-3
www.nzz-libro.ch
NZZ Libro ist ein Imprint der Neuen Zürcher Zeitung

Inhaltsverzeichnis

Einleitung	9
Oberland	17
See	49
Säuliamt	73
Agglo	81
Winterthur	113
Unterland	137
Weinland	169

«Seegfrörni», Zürich-Bürkliplatz 1963.

Einleitung

Die Dimension des Vorhabens passte zum Zeitgeist: 171 Fotoreportagen über sämtliche 171 Zürcher Gemeinden, von Hütten bis Feuerthalen und von Niederweningen bis Sternenberg. Warum nicht? Andere hatten damals viel Grösseres vor, bauten Vorortssiedlungen in grüne Wiesen und entzweiten Bauerndörfer durch neue Schnellstrassen. Die sechziger Jahre waren die Zeit der grossen Baustellen und ehrgeizigen Pläne. Im Furttal kursierte zum Beispiel das Projekt einer «Neuen Stadt» mit 30 000 Einwohnern. In Wetzikon veröffentlichte eine «Biotechnische Forschungsanstalt» den Entwurf einer «Anti-Stadt» mit unterirdisch geführtem Verkehr.

Der Fotograf Andreas Wolfensberger nahm das Fotoprojekt als 23-Jähriger in Angriff. Mit Velosolex, grüner US-Army-Jacke und einer Leica M2. Die Fotografien sollten, so das Leitthema, «die Gemeinde im Aufbruch» dokumentieren. Der Initiant des Unterfangens war der Medienschaffende Hans Schaub (1922–1979), ein erfahrener Theater- und Filmemacher, Publizist und Verfasser von ortsgeschichtlichen Dokumentationen. In der Vorbereitungsphase wirkte als Berater auch Hans Aregger mit, der Leiter der Zürcher Regionalplanung. Die meisten Aufnahmen entstanden 1964 bis 1966, die letzten im Jahr 1969.

«Die Gemeinde im Aufbruch» – das weckt Erwartungen: Eingriffe in alte Dorfbilder und Landschaften, der Verlust der althergebrachten Werte und die Suche nach einer neuen dörflichen Identität. Diese Motive bestimmten das damalige Selbstbild und prägen bis heute das Geschichtsbild der sechziger Jahre. Aber die Fotografien von Andreas Wolfensberger zeigen den Aufbruch nur selten so schrill. Über weite Strecken rücken sie auch das damals Vertraute ins Bild: Bauern und Bräuche, spielende Kinder, die Kirche im Dorf und die alte Fabrik. Es sind sensible und ästhetische Bilder, die dem Fortschritt weder huldigen noch entsagen. Sie zeigen, was der Aufbruch vollbrachte, aber mehr noch, was er zu gefährden drohte. Die Fotografien sind kritisch und romantisch zugleich, eine Art Fortschritts-Poesie.

Das Studio Dickloo von Hans Schaub produzierte mit den Fotos eine Serie von ganzseitigen Gemeindeporträts für die Lokalzeitung *Der Zürichbieter*. Entsprechend dem Projektthema standen die Bilderfolgen unter dem Titel «Die Gemeinde im Aufbruch». Den Kommentar verfasste der Journalist Alfred Spaltenstein. Der Text enthielt jeweils die wichtigsten Daten der Gemeindegeschichte und griff ein zu den Bildern passendes Thema auf. Zum Beispiel die Bedeutung des Landschaftsschutzes (Bachenbülach), des «Bauerntums» (Bachs), der Fasnacht (Bassersdorf) und des Spitals (Bauma). Oder den Stellenwert des Strassenverkehrs (Wangen), der Landesgrenze (Wasterkingen), des Kiesabbaus (Weiach) und der Waldwirtschaft (Winkel). Auf diese Weise entstand ein kunterbunter Streifzug durch die Heimatkunde des Kantons Zürich. Insgesamt erschienen im *Zürichbieter* die Porträts von 74 Gemeinden. Dann, nach gut einem Drittel der Distanz, wurde die Rubrik eingestellt. Der grösste Teil der Bilder blieb damals unveröffentlicht.

In den Beiträgen im *Zürichbieter* fiel kaum auf, dass das eigentliche Thema der Serie, der Aufbruch, auf manchen Fotografien nicht wirklich sichtbar war. Dieser Eindruck wurde in den Texten erfolgreich ausbalanciert durch Hinweise auf künftige Veränderungen, zum Beispiel aufgrund einer kürzlich erlassenen Gemeindebauordnung. Das verlieh manchen Gemeindeporträts den Charakter der damals verbreiteten «Endzeitgeschichte»: Der Aufbruch war zwar noch nicht überall da, aber er stand kurz bevor. Es galt deshalb zu dokumentieren und historisch zu würdigen, was vielleicht bald verschwinden wird. Das in den sechziger Jahren stets präsente Bewusstsein, in einer Umbruchzeit zu leben, hatte das Interesse an der Geschichte ganz allgemein gefördert. Zwischen 1960 und 1970 erschienen im Kanton Zürich fast doppelt so viele Gemeindechroniken wie in den Jahrzehnten zuvor. Auch wurden in manchen Gemeinden neue Heimatmuseen eröffnet.

Heute, rund vierzig Jahre später, ist der von Andreas Wolfensberger fotografierte Alltag nun seinerseits Geschichte geworden. Die hier zum grössten Teil erstmals veröffentlichten Bilder sind deshalb auch erstklassige historische Zeugnisse. Für Geschichtsinteressierte besonders wertvoll ist die Kenntnis der Absicht, die die Fotografien damals verfolgten. Das bietet nämlich Gewähr, dass der Fotograf den Wandel ins Bild zu rücken versuchte – sofern er ihn vorfand. In den geografisch ausgewogenen, in diesem Buch nach Regionen gegliederten Momentaufnahmen kommt nun überraschend deutlich zum Ausdruck, wie stark sich der Aufbruch auf bestimmte Gegenden und Gemeinden beschränkte. Ganze Landstriche und Dutzende von Dörfern blieben von den grossen Schlagworten der Epoche scheinbar unberührt: vom Wohlstand und der Zersiedlung, vom Drang nach Mobilität und dem viel zitierten Wandel der moralischen Werte.

Wohlstand

«Wohlstand wird geschaffen. Wohlstand für alle? Ist Wohlstand Glück?», schrieb Alfred Spaltenstein 1966 im Gemeindeporträt von Bülach als Kommentar zu Wolfensbergers Bildreportage des Fabrikalltags. Das in den sechziger Jahren weitverbreitete Gefühl des Wohlstandes war begründet. Teuerungsbereinigt verdienten die Arbeitnehmerinnen und Arbeitnehmer um 1960 im Durchschnitt die Hälfte mehr als am Ende des Zweiten Weltkrieges (1939–1945), ausgangs sechziger Jahre bereits doppelt so viel. Damit blieb – rein rechnerisch gesehen – um 1960 ein Viertel, 1965 ein Drittel und 1970 rund die Hälfte des Einkommens für Ausgaben übrig, die man sich während des Krieges noch nicht leisten konnte.

Verantwortlich für den Anstieg der Einkommen war die nach dem Krieg einsetzende Hochkonjunktur. Das Phänomen war der älteren Generation bekannt, denn auch nach dem Ersten Weltkrieg (1914–1918) hatte ein kräftiges Wirtschaftswachstum eingesetzt. Damals aber war der Aufschwung schon nach wenigen

Fotograf Andreas Wolfensberger unterwegs, 1965.

Jahren von der legendären Weltwirtschaftskrise eingeholt worden. Aufgrund dieser Erfahrung war das Gefühl der wirtschaftlichen «Überhitzung» auch nach dem Zweiten Weltkrieg weitverbreitet. Man traute der Hochkonjunktur noch längere Zeit nicht.

Das Wirtschaftswachstum überdauerte die fünfziger Jahre, und die Bedenken zerstreuten sich. Die seit Generationen vorherrschende «Ökonomie der Knappheit» wich allmählich einem freizügigeren Umgang mit Geld. «Der grosse Wendepunkt waren die sechziger Jahre, als der alte Traum vom Überfluss kurz vor der Realisierung zu stehen schien», schreibt Mario König in der «Geschichte des Kantons Zürich» von 1994.

Auf den Fotografien in diesem Buch kommt der neue Wohlstand durchaus zum Ausdruck. Das Gedränge am Skilift Fischenthal (S. 48) oder das neue Einkaufszentrum in Buchs (S. 154) wären für die dreissiger und vierziger Jahre undenkbar. Bei vielen andern Bildern, hauptsächlich aus ländlichen Gemeinden, würde eine frühere Zeitstellung hingegen nicht überraschen. In den wirtschaftlichen Zentren kam die Hochkonjunktur naturgemäss stärker zum Tragen als auf dem Land.

So besonders im Einzugsgebiet der Stadt Zürich, die zu Beginn der Konjunktur 61 Prozent aller gewerblichen Arbeitsplätze im Kanton stellte (Betriebszählung 1955). Dank neuen Industriegebieten in den Vorortsgemeinden ging der Stadtzürcher Beschäftigtenanteil im Lauf der sechziger Jahre leicht zurück und betrug auf dem Höhepunkt der Hochkonjunktur um 1975 noch 53 Prozent (2001: 45 Prozent). Im Dienstleistungssektor, der damals die höchsten Wachstumsraten aufwies, blieb die Vormachtstellung der Hauptstadt weiterhin unangefochten (Anteil Arbeitsplätze 1975: 63 Prozent).

Die Angestellten in Handel, Büro und Verkauf waren besonders anfällig für einen neuen Lebensstil. Ein Arbeitstag in sauberer Umgebung und in sauberen Kleidern weckte das Bedürfnis nach Savoir-vivre mehr als ein Tag in der Fabrik oder in der Werkstatt. Der im Durchschnitt höhere Lohn verhalf auch zu den nötigen finanziellen Mitteln. Das in den sechziger Jahren aufkommende Schlagwort der «Wohlstandsgesellschaft» war letztlich auch eine Folge des Aufschwungs im Dienstleistungssektor. Ende der sechziger Jahre waren die Angestellten mit einem Anteil von 52 Prozent erstmals in der Mehrheit (1960: 45 Prozent). Aber es gab, wie erwähnt, grosse regionale Unterschiede. Im ländlichen Bezirk Andelfingen machten die Erwerbstätigen im dritten Sektor zum Beispiel nur gerade 33 Prozent aus, die Hälfte weniger als im kantonalen Durchschnitt.

Und die Landwirtschaft? Sie profitierte am wenigsten von der Hochkonjunktur. Im Gegenteil: Der Agrarsektor verzeichnete einen spektakulären Rückschlag und verlor 3700 Bauernhöfe zwischen 1955 und 1965. Bis 1969 wurden im Kanton Zürich weitere 1200 Höfe aufgegeben. Die bäuerliche Bevölkerung war indes längst eine kleine Minderheit. Anfang der sechziger Jahre machte ihr Anteil 7,7 Prozent der Kantonsbevölkerung aus, am Ende des Jahrzehnts 3,5 Prozent – für Statistiker fast schon eine «Quantité négligeable», nicht aber für die Reisenden im Kanton: Die Zahl der bäuerlich geprägten Gemeinden war nach wie vor hoch, und das bäuerliche Milieu ist auf den Fotografien von Andreas Wolfensberger entsprechend prominent vertreten. In den seinerzeit erschienenen Gemeindeporträts im *Zürichbieter* war der Kommentator deshalb regelmässig genötigt, dem vermeintlichen «Aufbruch» den Niedergang in der Landwirtschaft entgegenzuhalten. Heute springt das bäuerlich-rustikale Dekor der damaligen Umbruchzeit noch viel stärker ins Auge. Die Fotografien in diesem Buch porträtieren einen Kanton Zürich mit 11 000 Bauernhöfen (Zählung 1965). Die Betriebszählung 2000 wies bloss noch 4700 bäuerliche Betriebe aus.

Zersiedelung

Der in der Hochkonjunktur erwirtschaftete Haushaltsüberschuss ermöglichte zahlreichen Familien den Bezug einer neuen Wohnung. Es war ein sich selbst nährender Kreislauf: Die gute Wirtschaftslage förderte den Wohnungsbau, während dieser die Konjunktur zusätzlich ankurbelte.

Die Bauoffensive der Nachkriegsjahrzehnte ist legendär. Bereits in den fünfziger Jahren entstanden im Kanton Zürich 70 000 neue Wohnungen, in den sechziger Jahren 100 000. Der Bauboom konzentrierte sich zunächst auf die Nachbargemeinden der Stadt Zürich und wanderte nach 1960 aufs offene Land. Dort kam es zuweilen zu unglaublichen Wachstumsschüben. In Greifensee explodierte die Einwohnerzahl in den sechziger Jahren von 420 auf 2700, in Geroldswil von 840 auf 2800.

Der Motor der Wohnbautätigkeit war die damals extreme Wohnungsnot in der Stadt Zürich. Der ständige Zuzug vom Land hatte die Hauptstadt bis 1950 auf 390 000 Einwohner anwachsen lassen, was der Hälfte der Kantonsbevölkerung entsprach. In den fünfziger Jahren wanderten weitere 50 000 Menschen zu. Das städtische Bauland für Neubauten war längst aufgebraucht, der Wohnungsmarkt hoffnungslos ausgetrocknet. Die Entlastung der Grossstadt durch Wohnbauten auf dem Land wurde schliesslich zum politischen Postulat, unterstützt von Stadt- und Kantonsbehörden. Der Vollzug leitete die erwünschte Trendwende ein: In den sechziger Jahren änderte der Wanderungsstrom die Richtung. In Zürich ging die Einwohnerzahl ab 1962 zurück, während die stadtnahen Gemeinden zu einwohnerstarken Vorortsgemeinden anschwollen.

Letztlich waren es aber nicht ausschliesslich Stadtzürcher, die die neuen Wohnungen bezogen. Auch auf dem Land gab es Tausende Wohnungsuchende. Während des Krieges hatten die Baustoffrationierung und der Kapitalmangel eine grössere Bautätigkeit allerorten verhindert, und es fehlte deshalb im ganzen Kantonsgebiet an Wohnraum. Der Bauboom erfasste deshalb nicht nur die Gemeinden rund um die Stadt Zürich, sondern auch das Einzugsgebiet der Industriestadt Winterthur und die traditionellen regionalen Zentren. In den Randregionen hingegen, wo es an Arbeitsmöglichkeiten fehlte, verharrten die Dörfer in

Stagnation. 22 Zürcher Landgemeinden wiesen in den sechziger Jahren sogar rückläufige Einwohnerzahlen auf. Das Stillleben abseits der wirtschaftlichen Zentren ist auf den Fotografien in diesem Band eingefangen.

Trotz solcher regionalen Unterschiede bleibt die Stadtflucht das Wesensmerkmal der Siedlungsentwicklung in den sechziger Jahren. Entlang der Hauptverkehrsachsen vereinnahmten die Stadtzürcher Auswanderer auch ausserkantonale Dörfer, so im Limmattal (Spreitenbach AG) und am oberen Zürichsee (Pfäffikon SZ, Jona SG). Die damals abenteuerlichen Wachstumsraten einiger Aargauer Grenzgemeinden hatten noch einen weiteren Hintergrund: Der Kanton Aargau erlaubte das Zusammenleben unverheirateter Paare. In Zürich herrschte bis 1972 ein Konkubinatsverbot.

Das Ausgreifen auf die Nachbarkantone schlug sich in der Bevölkerungsbilanz deutlich nieder. Die Gesamtzunahme der Einwohnerzahl im Kanton Zürich war in den sechziger Jahren trotz eines markant höheren Geburtenüberschusses kleiner als in den fünfziger Jahren, prozentual zur Einwohnerzahl auch kleiner als in den vierziger Jahren oder im Jahrzehnt zwischen 1900 und 1910. Nicht die Zuwanderung, sondern die Binnenwanderung veränderte in den sechziger Jahren das Gesicht des Kantons.

Die spektakuläre Umsiedlung wurde minutiös geplant. Die «Gesamtpläne» der kantonalen Raumplanung sahen eine klar strukturierte Bildung von Siedlungsschwerpunkten vor: mit Regionalzentren in Winterthur, Wetzikon und Bülach, die einem weiteren Aufblähen der Grossstadt Zürich entgegenwirken sollten; mit zum Teil gemeindeübergreifenden Wohngebieten, die durch breite Grüngürtel von den Industriezonen abgetrennt waren. Die Vision einer grossräumig geordneten baulichen Entwicklung scheiterte indes bereits im Vorfeld am Widerstand der Gemeinden, die die Trennung von Wohn- und Arbeitsorten lieber im Kleinen verwirklicht sahen. In den Dörfern war man meist bestrebt, das Verhältnis von Wohn- und Industriezonen einigermassen im Gleichgewicht zu halten, um der allerorten befürchteten Entwicklung zu einer «Schlafgemeinde» entgegenzuwirken. Die vom Kanton propagierten Grüngürtel fanden auf Gemeindeebene ebenfalls noch wenig Gehör, weil die ungleiche Behandlung der Grundeigentümer politisch suspekt erschien. Die Entmischung von Wohn- und Gewerbezonen war indes unumstritten und wurde mit den Gemeindebauordnungen der fünfziger und sechziger Jahre allerorten eingeleitet.

In der Baurealität kam die Zonentrennung freilich viel akzentuierter zum Ausdruck als auf den Plänen. Die Dörfer wuchsen nicht organisch von innen nach aussen, sondern eben nur dort, wo eine Baufirma zufällig mit einem Landeigentümer handelseinig geworden war. Das Resultat der ersten Bauschübe war eine Vielzahl von Wohnsiedlungen zum Teil mitten im Grünen. Die Lenkung der Bautätigkeit hatte gefördert, was die Raumplanung eigentlich bekämpfen wollte: die Streubauweise und scheinbar uferlose «Zersiedelung». Mitte der sechziger Jahre, als die meisten Fotos dieses Bandes entstanden, bereitete dieser Punkt allerdings noch wenig Sorgen. Kaum jemand zweifelte daran, dass die Siedlungslücken in der Zürcher Agglomeration bald geschlossen sein würden. Die in den Zonenplänen ausgeschiedenen Bauzonen entsprachen den damals gültigen Wachstumsprognosen, die für den Kanton Zürich bis zum Jahr 2000 ein Wachstum von einer auf zwei Millionen Einwohner vorhersagten. Dass diese Prognose viel zu hoch gegriffen war, zeigte sich erst gegen Ende der sechziger Jahre, als die Zahl der Geburten weit hinter dem berechneten Wert zurückblieb (Pillenknick). Der abrupte Baustopp nach der Erdölkrise von 1973 deckte endgültig auf, dass die Zonenpläne auf übertriebenen Erwartungen beruhten. Das effektive Bevölkerungswachstum von 1964 bis 2000 betrug letztlich bloss 20 Prozent.

Falsch eingeschätzt hatte man auch die lokale Bedeutung der neu ausgeschiedenen Industriezonen. Die ursprüngliche Absicht, den Zuzügern einen Arbeitsplatz am Wohnort zu bieten, blieb letztlich ein Postulat. Die Verbreitung der Privatautos hatte der kommunalplanerisch hoch gehaltenen Einheit von Wohn- und Arbeitsort den Boden entzogen. Manche Zuwanderer, vorab jene aus der Stadt Zürich, waren nur deswegen ins Grüne umgezogen, weil das Auto ihnen eben erlaubte, den bisherigen Arbeitsplatz beizubehalten.

Mobilität

Die «Massenmotorisierung» gehört zu den wichtigsten Phänomenen der sechziger Jahre überhaupt. 1950 besassen im Kanton Zürich knapp 15 Prozent der Haushalte ein Privatauto. 1960 waren es 35 Prozent und 1970 bereits 68 Prozent, in manchen Zürcher Agglomerationsgemeinden sogar weit über 80 Prozent. Das Automobil hatte sich in wenigen Jahren vom Luxusgut zur erschwinglichen Massenware gewandelt.

Der Aufschwung des Individualverkehrs ist untrennbar mit der damaligen Siedlungsverschiebung verbunden. Die Agglomeration Zürich eroberte das Umland wellenförmig und im Gleichschritt mit den verkehrstechnischen Möglichkeiten. In den fünfziger Jahren konzentrierte sich die Bautätigkeit noch häufig auf die Umgebung der Bahnhöfe. Das für die sechziger Jahre typische Ausweichen auf grüne Wiesen gelang nur dank der Verbreitung des Automobils. Warum sonst hätte zum Beispiel das kleine Fällanden um über 3000 Einwohner anwachsen können? Am Ort gab es 1970 für 1900 Erwerbstätige nur 850 Arbeitsplätze, und der nächste Bahnhof lag 2 Kilometer entfernt in Schwerzenbach.

Die Fotografien von Andreas Wolfensberger zeigen die damals noch unverbrauchte Freude am «Heim auf vier Rädern»: am Hochzeitsfest (S. 37), beim sonntäglichen Ausflug (S. 24) oder beim Einkaufen im Dorf (S. 38). Sie dokumentieren auch die verkehrsbedingten Eingriffe in die Landschaft: die Schneise durch unberührte Wälder beim Bau der N 3 (S. 59), das Autoschlangen-S über die neue Strassenbrücke bei Andelfingen (S. 177). Die Automobilisten hofften damals auf zahlreiche weitere Schnell- und Umfahrungsstrassen, die in den

Verkehrsplänen bereits eingezeichnet waren. Später, als sich das bauliche Wachstum verlangsamte, wurden die Verkehrsprognosen nach unten korrigiert und die meisten Strassenprojekte wieder gestrichen. Aus heutiger Sicht entbehrt das nicht einer gewissen Ironie: Das in den sechziger Jahren prophezeite Verkehrswachstum war letztlich eine der ganz wenigen Prognosen, die die künftige Entwicklung sogar noch unterschätzten.

Der aktuelle Motorisierungsgrad liegt im Kanton Zürich bei einem Privatauto pro zwei Einwohner (2005). Aus diesem Blickwinkel wirkt der Autoboom in den sechziger Jahren wie die gute alte Zeit: mit bloss einem Auto pro sechs Einwohner und einem Postboten in Hofstetten, der seine sperrigen Pakete nach wie vor mit dem Fahrrad austrägt (S. 116).

Wertewandel

Wer kennt sie nicht, die dutzendfach reproduzierten Pressebilder zum Zeitgeist in den «Swinging Sixties»? Die zertrümmerten Stühle am Rolling-Stones-Konzert von 1967 im Zürcher Hallenstadion, das «Sit-in» langhaariger Jugendlicher auf der Zürcher Bahnhofstrasse während des Globuskrawalls von 1968. Rebellion und moralische Freizügigkeit prägen das visuelle Gedächtnis an die sechziger Jahre auch mangels Alternativen: Es ist nicht einfach, in den Zürcher Landgemeinden Bilddokumente zum Alltag in dieser Zeit zu finden. Die einschlägigen Fotosammlungen der Ortsmuseen und Chronikstuben sind auf die Vorkriegszeit spezialisiert. Die sechziger Jahre sind allenfalls mit Bildern der neuen Kläranlage und der Renovation der Kirche vertreten. Das Gewöhnliche und Alltägliche bleibt vorläufig noch in privaten Familienalben eingeklebt. Es ist ja noch nicht allzu lange her.

Die Fotosammlung in diesem Buch gibt einen Eindruck, was man zu erwarten hätte. Nämlich in erster Linie manches, das nicht nur die sechziger, sondern bereits die vierziger und fünfziger Jahre prägte. Hier ein Leichenwagen mit Fuhrmann und Pferdegespann (S. 166), dort die verkleideten Bauernkinder am dörflichen Fasnachtstag (S. 20). Der Zeitgeist dirigiert eine Epoche nur im Geschichtsbuch. Im wirklichen Leben hat das Traditionelle stets ebenso viel Platz.

Auf den zweiten Blick erkennt man trotzdem einige Zeichen der Zeit, zum Beispiel die Kontaktnahme der Agglomerationsjugend mit der Popkultur (S. 97). Die Zeitstellung spielt hier eine entscheidende Rolle. Als Andreas Wolfensberger 1964 das Fotoprojekt in Angriff nahm, war die erste Single der Beatles («Love Me Do») erst zwei Jahre auf dem englischen Markt, jene der Rolling Stones («Come On») sogar erst seit einem Jahr. Les Sauterelles, die erfolgreichste Schweizer Band der sechziger Jahre, veröffentlichten ihre erste Platte 1965. Zum Zeitpunkt der Fotos in diesem Buch standen die Höhenflüge der «Beatgeneration» also noch bevor, ebenso der Globuskrawall von 1968, der den moralischen und politischen Traditionsbruch der Jugendlichen in die Schlagzeilen brachte.

Ähnlich verhielt es sich mit andern Emanzipationsbewegungen. Die Einführung des Frauenstimmrechts, im heutigen Geschichtsbild ebenfalls ein Verdienst der sechziger Jahre, wurde in der kantonalen Volksabstimmung von 1966 zunächst zum wiederholten Mal abgelehnt. Wie erwartet waren es die ländlichen Stimmbürger, die die Vorlage am deutlichsten verwarfen. Die Stadt Zürich hatte die Vorlage angenommen. Auch in der Zürcher Agglomeration resultierten zum Teil hohe Ja-Anteile. In einigen Wachstumsgemeinden war das Durchschnittsalter durch den Zuzug so vieler junger Familien auf 25 bis 27 Jahre gesunken, was das Abstimmungsergebnis naturgemäss beeinflusste. Verwirklicht wurde das Frauenstimmrecht indes erst an der Wende zu den siebziger Jahren. Eine 1969 angenommene Verfassungsänderung ermöglichte das Frauenstimmrecht in Gemeindeangelegenheiten. Das kantonale Frauenstimmrecht wurde 1970 eingeführt, das eidgenössische 1971.

In den Kirchgemeinden bestimmten die Frauen bereits seit 1963 mit. Die entsprechende Vorlage wurde im Rahmen eines Gesetzespaketes angenommen, das gleichzeitig die katholische Kirche als zweite Zürcher Landeskirche anerkannte. Das Bild der katholischen Taufe (S. 152), aber auch die Fotos damaliger «Gastarbeiter», zum Beispiel beim Bocciaspiel (S. 29), berühren diesen Themenkreis. Die von Industrie und Baugewerbe angeworbenen ausländischen Arbeitskräfte stammten hauptsächlich aus katholischen Ländern, in erster Linie aus Italien. Der Anteil der ausländischen Bevölkerung stieg in den fünfziger Jahren von 6,7 auf 13,1 Prozent, jener der Katholiken von 25 auf 32 Prozent. Das ebnete der offiziellen Anerkennung der katholischen Kirche den Weg. In den sechziger Jahren verstärkten sich beide Trends. 1970 machten die Ausländer 19 Prozent der Kantonsbevölkerung aus, die Katholiken 37 Prozent.

Beim Blättern in diesem Buch wird man weitere Zeitmerkmale entdecken. Zum Beispiel die von einem Marktfahrer zum Verkauf angebotene Büste des 1963 ermordeten amerikanischen Präsidenten John F. Kennedy, der politischen Ikone in der damaligen Ära des Kalten Krieges (S. 33). In erster Linie aber liefern die Fotografien «einen bunten Querschnitt durch das heutige Leben und Schaffen», wie Hans Schaub das Fotoprojekt damals ankündigte – aktuell, aber aus Sicht der sechziger Jahre.

Quellen
Die Gemeinde im Aufbruch, Artikelserie in der Zeitung *Der Zürichbieter*, 1964 ff.
Hans Schaub, Wir in der Zeit. Œuvre-Dokumentation in Wort und Bild, hg. von Hermann M. Eggmann, Kurt Ringger und Ruth Schaub, Geroldswil o. J.
Geschichte des Kantons Zürich, Band 3, Zürich 1994.
Statistisches Handbuch des Kantons Zürich, hg. vom Statistischen Amt des Kantons Zürich, Ausgaben 1964 und 1978.

Oberland

Oberland

Das auffällige Kennzeichen des Zürcher Oberlandes ist die Landschaftsvielfalt: im Nordosten das Tösstaler Hügelland mit dem Schnebelhorn als höchstem Berg des Kantons Zürich (1293 Meter ü. M.), im Südwesten die Kempttal-Ebene, der Pfäffikersee und die sanft coupierte Drumlinlandschaft zwischen Uster und Dürnten. Das Oberland ist kleinräumig und für eine extensive Landwirtschaft von alters her wenig geeignet. In der Geschichte gilt das Oberland nicht als bäuerliche, sondern als heimindustrielle Region: Im 18. Jahrhundert war die Heimspinnerei und -weberei hier stärker verbreitet als in jeder andern ländlichen Region der Schweiz, ja sogar von ganz Europa.

Im 19. Jahrhundert konzentrierte sich die Industrie auf die Fabrikdörfer in den Tälern, in der Regionalplanung der fünfziger und sechziger Jahre schliesslich auf eine einzige grosse Stadt: Man erklärte Wetzikon zum Regionalzentrum und prophezeite der «Oberlandstadt» ein Wachstum auf 60 000 Einwohner. Die 1955 in Wetzikon eröffnete Kantonsschule Zürcher Oberland, die erste Landmittelschule im Kanton Zürich, war ein erster Schritt auf dem Weg zur «Oberlandstadt». Das Einzugsgebiet der Mittelschule umfasste neben dem eigentlichen Oberland auch das Gebiet rund um den Greifensee bis nach Dübendorf, was den Anspruch der Planungsregion Oberland auf das Glatttal untermauerte.

Aber das Oberland entwickelte sich anders als geplant. Das stärkste bauliche Wachstum verzeichneten in den sechziger Jahren nicht die Bauzonen rund um die «Oberlandstadt», sondern die Randgebiete im Umkreis der Städte Winterthur und Zürich. Besonders im Glatttal richteten sich die Dörfer nicht nach Wetzikon, sondern nach Zürich aus, und die Agglomeration Zürich wuchs bis auf die Höhe von Uster in das raumplanerische Oberland hinein. Die regionale Zugehörigkeit von Uster, in diesem Buch zusammen mit dem ganzen Bezirk Uster der Agglomeration zugeteilt, lag damals durchaus in der Schwebe. Uster zählte mehr Einwohner als Wetzikon und fühlte sich deshalb zeitweise von der Regionalplanung übergangen. Als sich im Lauf der sechziger Jahre abzeichnete, dass die «Oberlandstadt» Wetzikon eine Utopie bleiben würde, rückte Uster, das heutige «Tor zum Oberland», wieder näher an die Region Oberland heran. 1970 war Uster eine Stadt mit Stadtrat und 21 800 Einwohnern. Die designierte «Oberlandstadt» Wetzikon blieb um die Hälfte kleiner (1970: 13 500 Einwohner) und im Selbstverständnis weiterhin ein Dorf, das der Institution der Gemeindeversammlung vertraute.

Der Ausgangspunkt der fotografischen Rundreise ist die abgelegene Gemeinde Sternenberg im Tösstal. Der Weg führt – nach einigen Abstechern – ins Kempttal und via Wetzikon, Grüningen und Rüti wieder ins Tösstal zurück. Der Kontrast zwischen Fortschrittsfreundlichem und Altbewährtem springt ins Auge. Das zuweilen von Dorf zu Dorf wechselnde Ambiente blieb bis heute ein Merkmal der Region.

< Migros-Verkaufswagen vor Sternenberg, 1965.

Fasnachtszeit in Wila, 1965.

Bööggen in Tablat (Gemeinde Turbenthal), 1966.

Bauernmetzgete in Schalchen (Gemeinde Wildberg), 1966.

Parkplatz am Fuss des Ausflugsziels Rosinli oberhalb Adetswil (Gemeinde Bäretswil), 1965.

Ehemaliges Regionalspital Bauma (heute Pflegezentrum), 1965.

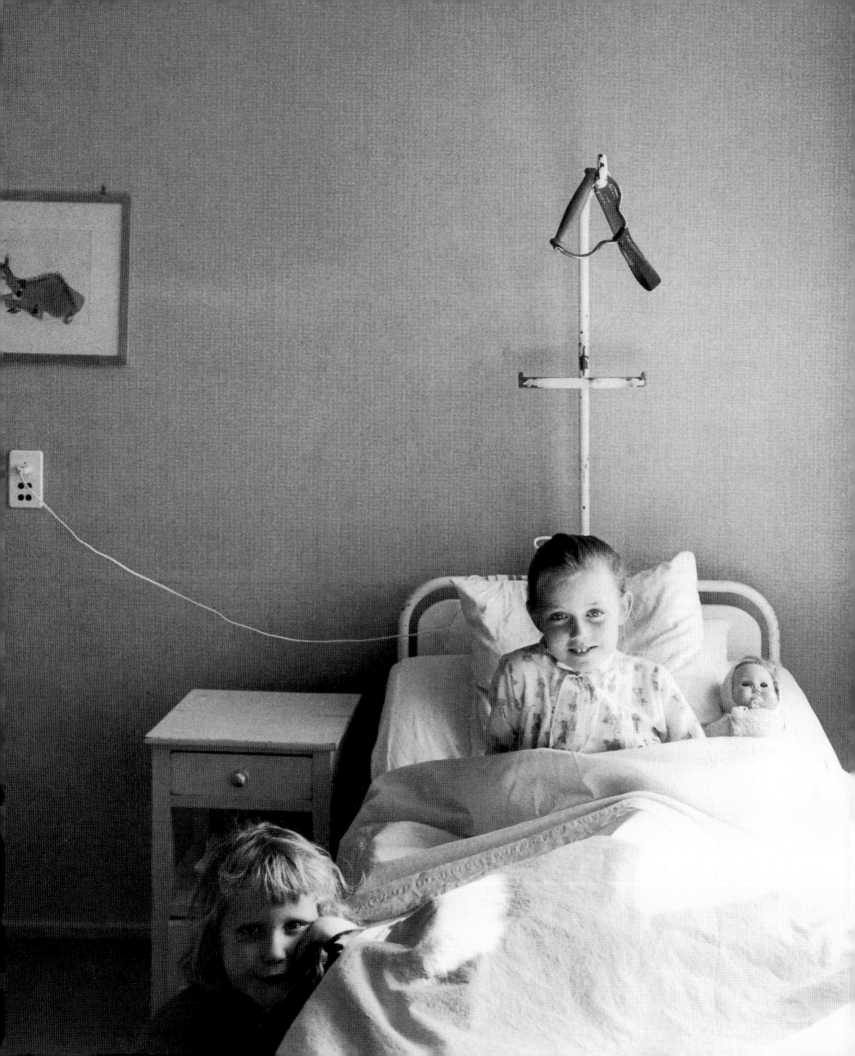

Sonntagvormittag im Restaurant Lammet in Hittnau, 1965.

Festhütte der Dorfvereine in Weisslingen, 1965.

Bocciabahn der italienischen Webereiarbeiter in Weisslingen, 1965.

Werbetafel für das Kochstudio Marianne Berger auf dem Maggi-Areal in Kemptthal (Gemeinde Lindau), 1965.

Mähdrescher, Lindau 1965.

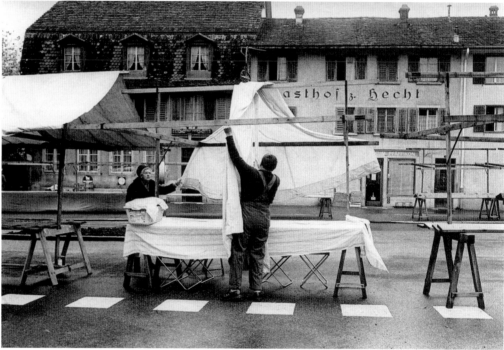

Bildhauer Hans Aeschbacher (1906–1980) vor seinem Haus in Russikon, 1965.

Martinimarkt in Pfäffikon, 1968.

Landwirtschaftliche Genossenschaft Gossau, 1965: Verkaufsladen,
Grastrocknungsanlage, wartender Bauer mit Sohn.

Pfarrer mit Konfirmandinnen und Konfirmanden, Fehraltorf 1966.

Limousine für das Brautpaar, Seegräben 1965.

Ladenzentrum Oberwetzikon, 1965.

Das Strassendorf Wetzikon entstand durch das allmähliche Zusammenwachsen von ehemals eigenständigen Dörfern. Das Geschäftszentrum befand sich ursprünglich in Unterwetzikon in der Nähe des Bahnhofs. Durch die im Bild sichtbare Überbauung Karrerwiese etablierte sich Oberwetzikon als neues Ladenzentrum. Für das daran anschliessende Gebiet oberhalb der Kirche sah die Kommunalplanung ein verkehrsfreies Stadtzentrum mit «Kirchplatz» und «Rathausplatz» vor. Als die «Oberlandstadt»-Pläne scheiterten, nahmen neue Einkaufszentren (Coop-Center 1977, Züri Oberland Märt 1983, Überbauung Leue 1988) das Gebiet bei der Kirche in Beschlag und versetzten die Ladenstrasse unterhalb der Kirche in die zweite Reihe.

Freitreppe der Kantonsschule Zürcher Oberland (KZO)
in Wetzikon, 1965.

Fensterdekoration im Städtchen Grüningen, 1965.

Modellflugversuche auf dem Trassee der 1948 stillgelegten
Uerikon-Bauma-Bahn, Dürnten 1965.

Kehrichtverwertungsanlage Hinwil, 1965.
Das bauliche Wachstum förderte in den sechziger Jahren die Bildung von Zweckverbänden zur gemeinsamen Lösung der infrastrukturellen Aufgaben. Der 1961 gebildete Zweckverband Kehrichtverwertung Zürcher Oberland (KEZO) mit 18 Partnergemeinden war einer der grössten Verbände dieser Art. Neben Oberländer Gemeinden gehörten ihm auch die St. Galler Gemeinden Rapperswil und Jona an. Die Bilder zeigen die Gemeinschaftsanlage zwei Jahre nach der Betriebsaufnahme von 1963. Der von Spezialfahrzeugen gesammelte Hauskehricht – 1965 knapp 20 000 Tonnen – wurde noch nicht verbrannt, sondern kompostiert. Mit dem Bau der Verbrennungsanlagen von 1971 und 1975 stellte das Werk später auf die Kehrichtverbrennung um. Inzwischen sind der KEZO 39 Gemeinden angeschlossen, die dem Werk 2006 rund 185 000 Tonnen Kehricht zuführten.

Jugendliche Heftchenleser vor dem Areal der Maschinenfabrik Rüti (nachmals Sulzer Rüti), 1966.

Neues Hochhaus der Maschinenfabrik hinter dem Bahnhof Rüti, 1966.

> Zürcher Höhenklinik Wald, 1966.

Skilift Fischenthal, 1966.

See

See

Die sechziger Jahre verdankten dem Zürichsee eines der markantesten Ereignisse: Er fror 1963 vollständig zu. Die bis heute letzte «Seegfrörni» hielt anderthalb Monate an und lockte Hunderttausende auf den See (S. 8). Die folgenden Aufnahmen zeigen das Naherholungsgebiet im Sommer. Neben Schiffen und Stegen rücken zwei Grossbaustellen ins Bild: Am linken Seeufer entsteht die Autobahn N 3, am rechten das zweite Trassee für die erste schweizerische Schnellbahn mit Taktfahrplan.

Die beiden Verkehrsprojekte beabsichtigten die Entlastung der links- und rechtsufrigen Seestrassen, die damals zusätzlich zum Nahverkehr den Durchgangsverkehr auf der Ost-West-Achse zu bewältigen hatten. Laut Verkehrszählung von 1965 waren sie neben der Zürcherstrasse in Winterthur-Töss die meistbefahrenen Strassen im Kanton Zürich. Die 1966 eröffnete N 3 lenkte den Transitverkehr schliesslich auf die Anhöhe über dem linken Seeufer. Die am rechten Ufer geplante Höhenstrasse kam nicht zustande. Dafür verkehrte dort ab 1968 im Halbstundentakt ein doppelspuriger «Goldküsten-Express» für den Pendelverkehr.

Die bis heute geläufige Bezeichnung Goldküste spielte auf die Wohlhabenheit der Seebewohner am rechten Seeufer an. In Zollikon und Küsnacht, den damals mit Abstand reichsten Gemeinden des Kantons, betrug 1962 die Steuerkraft pro Einwohner das Dreifache des kantonalen Durchschnitts. Auch Erlenbach, Herrliberg und Meilen gehörten zu den zehn reichsten Zürcher Gemeinden, ausserdem Zumikon und Zürich. Das linke Seeufer fiel keineswegs stark ab. Kilchberg verzeichnete die dritthöchste Steuerkraft pro Einwohner, Rüschlikon die sechsthöchste. Im regionalen Vergleich standen die Gemeinden an beiden Seeufern überdurchschnittlich gut da.

In Stadtnähe sorgte die exklusive Bewohnerschaft der Villenquartiere für die finanziell gute Position der Seegemeinden. Seeaufwärts und besonders am linken Seeufer fiel auch die starke Industrie ins Gewicht. Horgen war um 1962 hinter Zürich, Winterthur und Uster der drittgrösste Fabrikstandort im Kanton, Wädenswil der fünftgrösste. Der Bezirkshauptort Horgen verwirklichte 1967 zudem eine der spektakulärsten Zentrumsüberbauungen der sechziger Jahre mit einem «Dorfplatz» in Form eines Hochplateaus, das die stark befahrene Seestrasse überbrückte. Die geplante Satellitenstadt Horgenberg oberhalb des Autobahntrassees mit Bauzonen für 8000 Einwohner wurde von der Regionalplanung indes verhindert. Auch im stark wachsenden Wädenswil und in Richterswil beschränkte sich die Bautätigkeit auf das Gebiet zwischen See und Autobahn. Der Horgenberg und das Moorgebiet zwischen Hirzel und Hütten blieben als Naturlandschaften erhalten. Schöne Gegenden sind allerdings häufig auch arme Gegenden. Die Gemeinde Hütten am südöstlichen Ende der Zürichseeregion verzeichnete 1962 eine Steuerkraft von lediglich 49 Franken pro Einwohner. Das Budget der reichsten Seegemeinde Zollikon basierte demgegenüber auf Steuereinnahmen von 929 Franken pro Einwohner.

< Schiffssteg bei der Halbinsel Au (Gemeinde Wädenswil), 1965.

Flotte der Brauerei Wädenswil, 1965.

Ausflugsziele in Richterswil, 1965.

Autoskooter-Bahn in Hirzel, 1965.

Kartoffelacker in Schönenberg, 1965.

> Naturlandschaft zwischen Hirzel und Hütten, 1965.

Bau der Autobahn N 3, 1964.
Der Kies für den Unterbau wurde auf Förderbändern (oben)
vom Bahnhof Langnau am Albis zum Lagerplatz oberhalb Thalwil
transportiert.

N-3-Schneise oberhalb von Horgen, 1964.
Weil ungünstige geologische Verhältnisse die geplante Streckenführung entlang des Waldrandes verhindert hatten, führte das Autobahntrassee im Abschnitt Horgen mitten durch den Wald.

Schiffssteg Oberrieden, 1965.

Kasperlitheater im «Park im Grüene» (Dutti-Park) in Rüschlikon, 1965.

Die auf den Bildern veranschaulichte Kindervielzahl hat auch einen demografischen Hintergrund: Es ist die Generation der «Babyboomer», die das Kasperlitheater verfolgt. Die Zahl der Geburten pro 1000 Einwohner kletterte im Kanton Zürich zwischen 1951 und 1963 von 17,4 auf 23,1 an. In absoluten Zahlen resultierte daraus ein Anstieg von 5700 auf 11500 Geburten im Jahr. Nach Mitte der sechziger Jahre ging die Geburtenzahl plötzlich massiv zurück. 1976, am Ende der Hochkonjunktur, registrierte die Statistik nur noch 12,8 Geburten pro 1000 Einwohner. Dafür verantwortlich waren unter anderem die vermehrt aufkommende Geburtenkontrolle (Pillenknick) und die weniger häufigen Heiraten.

Englische Beatband und weiblicher Fan vor einem Konzert im ehemaligen Restaurant Sonne in Adliswil, 1965.

Spielende Kinder im Strandbad Küsnacht, 1965.

Max Daetwyler (1886–1976), Zumikon 1965.

Der bekannte Pazifist war 1914 der erste Schweizer Kriegsdienstverweigerer. Im Zweiten Weltkrieg wurde die weisse Fahne das ständige Requisit seiner pazifistischen Aktionen. Nach dem Tod seiner Frau (1959) trug er die weisse Fahne in die Krisenherde und Machtzentren der Welt, wurde aber nie von den Regierenden empfangen. Grosse Beachtung fanden in der damaligen Ära des Kalten Krieges seine Reisen in kommunistische Länder. 1964 schrieb er von Moskau aus: «Heute wehte die weisse Fahne auf dem Roten Platze. Oben auf dem Kreml die rote Fahne Lenins. Welch ein Anblick für die Russen! Wir werden sehen, welche Fahne mächtiger ist. Ich weiss es. Die Herren im Kreml ahnen es ...» Die Bilder zeigen Max Daetwyler vor seinem Wohnhaus in Gössikon (Gemeinde Zumikon) und beim Marsch mit weisser Fahne zur nächstgelegenen Bahnstation Waltikon.

Bauarbeiten beim Bahnhof Erlenbach, 1965:
Erweiterung zur Doppelspur, Abbruch des alten Bahnhofs.

Chilbi Männedorf, 1965.

Gaskessel beim ehemaligen Bürgerheim Stäfa, 1965.

Zürichsee-Fähre Horgen–Meilen bei der Abfahrt in Meilen, 1965.

Säuliamt

Säuliamt

Säuliamt ist der volkstümliche Name des Knonauer Amtes. Die Region umfasst das Gebiet des Bezirkes Affoltern am Albis. Der Bezirk ging 1839 aus dem ehemaligen Oberamt Knonau hervor, was die Bezeichnung Knonauer Amt erklärt. Beim Säuliamt wird häufig auf eine Sage verwiesen: Als einst ein Bauer ein Schwein und ein Kalb auf einem Karren über den Albis nach Zürich führte, rutschte das Gatter mit den beiden Tieren plötzlich vom Karren und sprang auf. Das Schwein rannte auf der westlichen und das Kalb auf der östlichen Seite den Albishang hinunter. Seither spreche man vom Säuliamt und vom Chalberamt (Bezirk Horgen). Daneben gibt es auch sachlichere Deutungen, die den Namen Säuliamt auf die traditionell grosse Bedeutung der Schweinezucht zurückführen.

In den sechziger Jahren spielte die Schweinezucht nach wie vor eine Rolle. Der Schweinebestand im Bezirk Affoltern stieg 1961 bis 1973 von 5500 auf 8300 an und verzeichnete damit höhere Zuwachsraten als in jedem andern Zürcher Bezirk. Ausserdem wies die Region den dritthöchsten Bestand an Milchkühen auf (Zählung 1966). Jedenfalls war das Säuliamt in den sechziger Jahren nach wie vor eine ländliche, gebietsweise sogar ausgesprochen bäuerliche Gegend. In Maschwanden arbeitete noch um 1970 fast jeder zweite erwerbstätige Einwohner in der Landwirtschaft, in Kappel am Albis und in Rifferswil jeder dritte. Diese Gemeinden haben ihren Charakter als Bauerndorf bewahrt, weil sie klein geblieben waren. Maschwanden und Rifferswil notierten in den sechziger Jahren sogar leicht rückläufige Einwohnerzahlen.

Den spektakulären Kontrast bildete Wettswil am Albis am stadtnahen Zipfel des Säuliamtes. Das ehemals kleine Bauerndorf wuchs in den sechziger Jahren von 732 auf 1703 Einwohner an. Eine grosse Bautätigkeit erlebten auch Bonstetten, Obfelden und vor allem der Bezirkshauptort Affoltern am Albis, der in der Zeit von 1960 bis 1970 mit einem Wachstum von 4900 auf über 7360 Einwohner zu Buch steht. «Die alteingesessenen Affoltemer haben bald in einer verschwindend kleinen Ecke ihres Dorfes Platz», wird in der Ortsgeschichte von Affoltern ein damaliger Einwohner zitiert. Als Reaktion auf die Wohnbautätigkeit erschloss der Bezirkshauptort 1964–1967 ein 25 Hektaren grosses Industriegebiet. Der Mangel an Arbeitsplätzen blieb im Säuliamt indes weiterhin ein grosses Problem, zumal die Wohnbautätigkeit später auch die bisher noch verschont gebliebenen Gemeinden erfasste.

Auf den folgenden Bildern ist von Wachstums- und Agglomerationsproblemen noch nichts zu spüren. Im kantonalen Vergleich war das Säuliamt zum Zeitpunkt der Aufnahmen nach wie vor eine ländliche und ruhige Region. Auch später erreichten die baulichen Eingriffe im Bezirk Affoltern nie das gleiche Ausmass wie in der eigentlichen Zürcher Agglomeration.

Bewachter Bahnübergang bei Knonau, 1965.

Das entsprechende Strassenstück auf der Hauptstrasse nach Mettmenstetten wurde 1973 durch die neu eröffnete Umfahrung Knonau ersetzt und der Niveauübergang stillgelegt. Die Umfahrung Knonau war ein erstes Teilstück der Autobahn N 4. Die Fortsetzung der N 4 bis zum Verkehrsdreieck Zürich-West erfuhr jahrzehntelange Verzögerungen, unter anderem aufgrund von politischen Vorstössen (Kleeblatt-Initiative), die die Autobahn zu verhindern suchten.

Wanderer an der Reuss bei Obfelden, 1965.

Dorfschmied von Mettmenstetten, 1966.

Indianerlis in Ottenbach, 1966.

Schiessstand Stallikon, 1965.

Abstimmungssonntag in Bonstetten, 1965.

Zeitungssammlung in Wettswil am Albis, 1965.

Agglo

Agglo

Eine Agglomeration ist ein städtischer Verdichtungsraum, bestehend aus einer Kernstadt und einer Reihe von umliegenden Gemeinden. Als die Agglomeration Zürich in den sechziger Jahren immer weiter auf die Landschaft hinauswuchs, fand der Begriff in der abgekürzten Form «Agglo» Eingang in die Umgangssprache. Gemeint war damit stets der stark wachsende Vorortsgürtel rund um Zürich, nie aber die Stadt selber, obwohl diese definitionsgemäss das Zentrum der Agglomeration bildete: Die «Agglo» lag im Niemandsland zwischen der Stadt und dem eigentlichen Land, und das Wort hatte, zum Teil bis heute, keinen guten Klang.

In der Statistik sind die Voraussetzungen für die Zugehörigkeit einer Gemeinde zur Agglomeration exakt festgelegt. Zu den Kriterien gehören unter anderem eine bestimmte Einwohner-/Arbeitsplatzdichte (über 10 pro Hektare) und die Bedingung, dass mindestens ein Drittel der Erwerbstätigen in der Kernstadt arbeitet. Die Umgangssprache war weniger wählerisch: Der Begriff Agglo wurde weitgehend als Synonym für die neu entstandene Betonlandschaft in den Vorortsgemeinden gebraucht, für Flachdach-Wohnblöcke und neue Industriequartiere «im Grünen». Im Einzelnen war die Zuordnung zur Agglo durchaus subjektiv. In diesem Buch ist die Agglo das, was der Fotograf als solche empfand: der Vorortsgürtel im Limmattal und Glatttal sowie das Ballungszentrum in Zürich-Nord bis an die Grenze von Winterthur.

Das provokative Kennzeichen der Agglomeration war der Wohnblock. In der Stadt wurden mehrstöckige Wohnhäuser von alters her respektiert. Auf dem Land wurden sie von den Alteingesessenen als moderne Varianten des Arbeiterkosthauses empfunden. Das weit verbreitete Vorurteil des anonymen und trostlosen Daseins im Vorstadt-Wohnblock zielte indes häufig an der Realität vorbei. Die typischen Erstmieter der neuen Wohnblock-Überbauungen waren junge Familien, die nur schon der Kinder wegen Kontakte suchten und pflegten. In manchen Agglomerationsgemeinden entwickelte sich eine umtriebige Vereins- und Festkultur, zum Teil auch als Trotzreaktion auf das angeschlagene Image. So vor allem in der Glatttaler Gemeinde Volketswil, wo die Neuzuzüger besonders stark unter den Vorurteilen litten. Zuweilen wurden die Mieter der Volketswiler Neubausiedlungen von ihren Arbeitgebern sogar dazu angehalten, ihre Privatadresse auf der Geschäftsvisitenkarte nicht zu nennen.

Die Wohnblock-Architektur trug viel zum zweifelhaften Ruf der Neubausiedlungen bei. Die geltenden Ausnützungsvorschriften und die damals übliche Elementbauweise begünstigten den kubisch-rechteckigen Standard-Wohnblock mit Flachdach. Die aus heutiger Sicht grosszügigen Bauabstände wirkten damals aufgrund der frisch umgepflügten Umgebung noch durchwegs unvorteilhaft. Die Grünflächen der Quartiere aus den sechziger Jahren kamen erst Jahrzehnte später zur Geltung, als die in den sechziger Jahren gepflanzten Bäumchen allmählich über die Dächer hinauswuchsen.

Industriebau des Stahlbauunternehmens Tektonik AG in Regensdorf, 1965.

Neue Wohn- und Industriebauten in Regensdorf, 1965.

Dahlienschau Oberengstringen, 1965.

Ringerwettkampf, Oetwil an der Limmat 1965.

Abfalldeponie in einer ehemaligen Kiesgrube in Weiningen, 1965.

Gaswerk Schlieren, 1965.

Bau der Autobahnbrücke über die Limmat, Geroldswil 1965.

Neubau-Architektur in Uitikon, 1965.
Uitikon war die einzige Zürcher Agglomerationsgemeinde, in der die Zahl der Haus- und Wohnungseigentümer jene der Mieter überstieg. Der weitgehende Verzicht auf Wohnblock-Siedlungen zugunsten von Ein- und Zweifamilienhäusern schlug sich in der Steuerstatistik deutlich nieder: Uitikon überholte in den sechziger Jahren die reichen Zürichsee-Gemeinden und stand im Kanton Zürich 1975 mit dem tiefsten Steueransatz (95,1 Prozent) und der höchsten Steuerkraft pro Einwohner (3425 Franken) da.

‹ Wohnsiedlung Lochergut in Zürich (erbaut 1963–1966), 1968.

Werbetafel und Baugespann für das Einkaufszentrum Glatt
in Wallisellen (1975 eröffnet), 1966.

Wohnblock-Überbauung in Rümlang, 1965.

Walty Anselmos Band «The Hellfire» bei einem Auftritt
im «Glatthof», Glattbrugg 1965.

Flughafen Kloten, 1969. Rechts: DC-8 für den Swissair-Flug SR 100 nach New York.

Schlittelhang in Bachenbülach, 1965 (im Hintergrund Bülach).

Waldarbeiten in Winkel, 1965.

Einrücken in die Rekrutenschule, Dübendorf 1965.

Krankenzimmer der Kaserne Dübendorf, 1963.

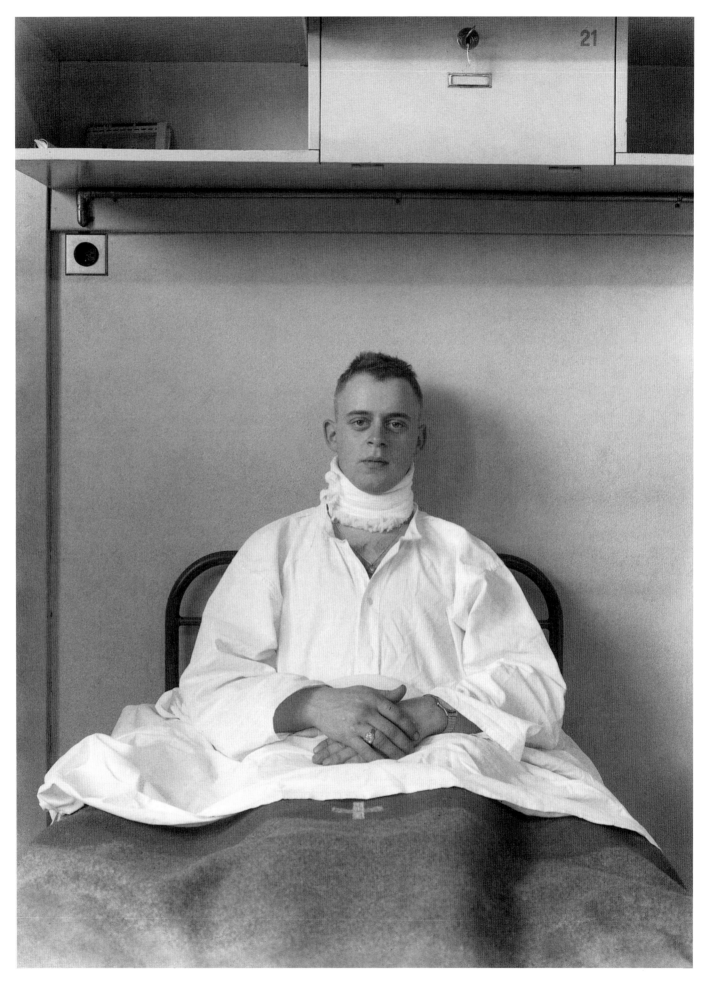

Verkehrskontrolle in Wangen-Brüttisellen, 1965.

Verkehrsunfall am Sonntag, Fällanden 1965.

Wochenende am Greifensee, 1965: Schlosspark Greifensee, Zeltplatz Maur.

Hochsommer-Angebot des Konsumvereins Uster, 1964.

Pendlerbahnhof Schwerzenbach, 1965.

Der Bahnhof Schwerzenbach stand ursprünglich weit weg vom Dorf im Grünen. Nach 1960 wurden die Wiesen rund um den Bahnhof systematisch mit Wohnblöcken für Zürcher Pendler überbaut. Die Bauherren waren fast durchwegs Stadtzürcher Architekten und Baugenossenschaften. Die Stadt Zürich subventionierte die Bauten unter der Bedingung, dass vier Fünftel der Mieter ihre Arbeitsplätze in der Stadt Zürich haben. So entstand in Bahnhofsnähe schliesslich ein eigentliches Satellitendorf, und Schwerzenbachs Einwohnerzahl stieg in den sechziger Jahren von 489 auf 2665 Einwohner.

Neubauquartier in Volketswil, 1969.

> Jahreswechsel in der Agglomeration, Effretikon 1969/70.

Coiffeur Weiss, Effretikon 1968.

Winterthur

Winterthur

Winterthur untermauerte in den sechziger Jahren seinen Ruf als Industriestadt. Die Traditionsfirma Sulzer, das wichtigste Winterthurer Unternehmen, stand im Zenit der Firmengeschichte. Die Sulzer AG mit den beiden Werken in der Stadtmitte (Tössfeld) und in Oberwinterthur hatte 1961 die Schweizerische Lokomotiven- und Maschinenfabrik (SLM) Winterthur und 1965–1969 schrittweise die Escher Wyss AG Zürich übernommen. Der Konzern setzte auch städtebauliche Akzente: 1962–1966 entstand als neues Bürogebäude das 92,4 Meter hohe Sulzer-Hochhaus, das höchste Haus der Schweiz bis zum Bau des Basler Messeturmes (105 Meter) im Jahr 2003.

Die Sulzer-Stadt war umgeben von Bauernhöfen, so bereits innerhalb der Gemeindegrenzen. 1965 wies Winterthur mit 241 Landwirtschaftsbetrieben mehr bäuerliche Höfe auf als jede andere Zürcher Gemeinde. Die starke Stellung der Landwirtschaft war eine Folge der historischen Entwicklung des Gemeindegebiets: Die Stadt Winterthur hatte – ähnlich wie Zürich – 1922 einen Kranz von Vororten eingemeindet. Das Stadtgebiet wuchs dadurch auf 6800 Hektaren an. Von dieser Fläche waren 1960 nur 23 Prozent besiedelt. Der Landwirtschaft verblieben 5200 Hektaren produktives Land. Das erklärt ihr grosses Gewicht.

Gleiches galt für den ganzen Bezirk. Der auf den folgenden Fotografien porträtierte Bezirk Winterthur ist der flächenmässig grösste Zürcher Bezirk. Nur schon deshalb war er in den sechziger Jahren gleichzeitig der grösste Agrarproduzent. 1965 bewirtschafteten im Bezirk Winterthur 1521 Bauernbetriebe insgesamt 13 000 Hektaren Wies- und Ackerland. Die Landwirtschaft war in der Umgebung von Winterthur auch für den Fotografen unübersehbar.

Während die Stadtbevölkerung von Zürich das bäuerliche Umland als Wohnraum entdeckte, blieben Winterthurs Nachbargemeinden über weite Strecken von einer übermässigen Bautätigkeit verschont. Schlatt, Elsau, Dinhard, Neftenbach und Brütten verzeichneten in den sechziger Jahren kein oder nur ein geringes Wachstum. Zell, Wiesendangen, Seuzach, Hettlingen und Pfungen wuchsen zwar deutlich, aber keineswegs in spektakulärem Ausmass an. Eigentliche Wachstumsschübe registrierten 1960–1970 einzig Rickenbach (plus 90 Prozent) und Winterthurs südliche Nachbargemeinde Illnau-Effretikon, die mit einem Einwohnerzuwachs von 6160 auf 13 693 aufwartete. Aber Illnau-Effretikon gehörte nicht zur Winterthurer, sondern zur Zürcher Agglomeration: 1970 arbeiteten 2400 Erwerbstätige von Illnau-Effretikon in Zürich und lediglich 420 in Winterthur. In der Region Winterthur konzentrierte sich das Wachstum vielmehr auf die Stadt. Die statistisch ausgewiesene Zunahme der Winterthurer Stadtbevölkerung von 80 400 auf 92 700 Einwohner ist indes interpretationsbedürftig. Auch die Stadt Winterthur nahm das ehemals grüne Umland in Beschlag. Noch aber fanden die Neubauten innerhalb der Gemeindegrenzen genügend Platz. Die meisten Nachbargemeinden wurden deshalb erst nach 1970 vom Bauboom erfasst.

Paul Burkard (1911–1977), Zell 1968.
Der bekannte Schweizer Komponist von «Oh mein Papa» und der «Kleinen Niederdorf-Oper» wohnte seit 1959 in Zell. Dort schrieb er auf Wunsch des Pfarrers, des Lehrers und einer Fabrikantenfrau das 1960 in der Kirche Zell uraufgeführte Kinder-Weihnachtsspiel «D' Zäller Wiehnacht». Das in mehrere Sprachen übersetzte Oratorium wurde ein internationaler Erfolg, und die eingängigen Lieder («Das isch de Stern vo Bethlehem») sind den Schweizer Schulkindern bis heute geläufig. Die Bilder zeigen Paul Burkard bei Proben in der Kirche Zell.

Postbote von Hofstetten, 1965.

Mechanische Werkstatt in Hagenbuch, 1965.

«Äschli» Elgg (Aschermittwoch-Umzug), 1965.

Hochstamm-Fällaktion in Bertschikon, 1965.

Feldobstbäume dienten früher mehrheitlich der Gewinnung von Most und Branntwein. Als Reaktion auf den zunehmenden Import von ausländischen Billigspirituosen und zur Eindämmung des Alkoholkonsums rief die eidgenössische Alkoholverwaltung zur Umstellung von Brennobst auf Tafelobst (Niederstamm-Kulturen) auf und prämierte jeden gefällten Feldobstbaum. Die Fällaktion erlebte in den sechziger Jahren ihren Höhepunkt, zumal die auf den Feldern und Wiesen verstreuten Bäume den landwirtschaftlichen Maschinen und Mähdreschern im Weg standen. Im Kanton Zürich wurden 1961 bis 1971 rund eine Million Hochstamm-Obstbäume gefällt. Dem Kahlschlag fielen auch die «Baumgärten» rund um die Dörfer zum Opfer, was gleichzeitig die Erschliessung neuer Baugebiete erleichterte.

< Ackerlandschaft in Schottikon (Gemeinde Elsau), 1965.

Autoverwertung Truninger in Sulz, 1966.

‹ Dachlandschaft, Winterthur 1963.

Stadt Winterhur, 1963:
Lesesaal im Waaghaus, Mittagsverkehr auf der Zürcherstrasse.

Sulzer-Werke, 1969:
Prüfstand für Schiffsdieselmotoren, Büro im Sulzer-Hochhaus.

Thur-Überschwemmung 1965 im Flussabschnitt Altikon.

Ehemalige Holzbrücke über die Töss, Pfungen 1965.

Altes Gemeindehaus von Ellikon an der Thur, 1966.
In der Bildmitte der «Freiheitsbaum», eine 1798 gepflanzte Platane.

Klärgrube vor Privathaus in Neftenbach, 1965.

Triangulationspyramide in Brütten, 1966.

Mütterberatung der Pro Juventute in Dinhard, 1966.

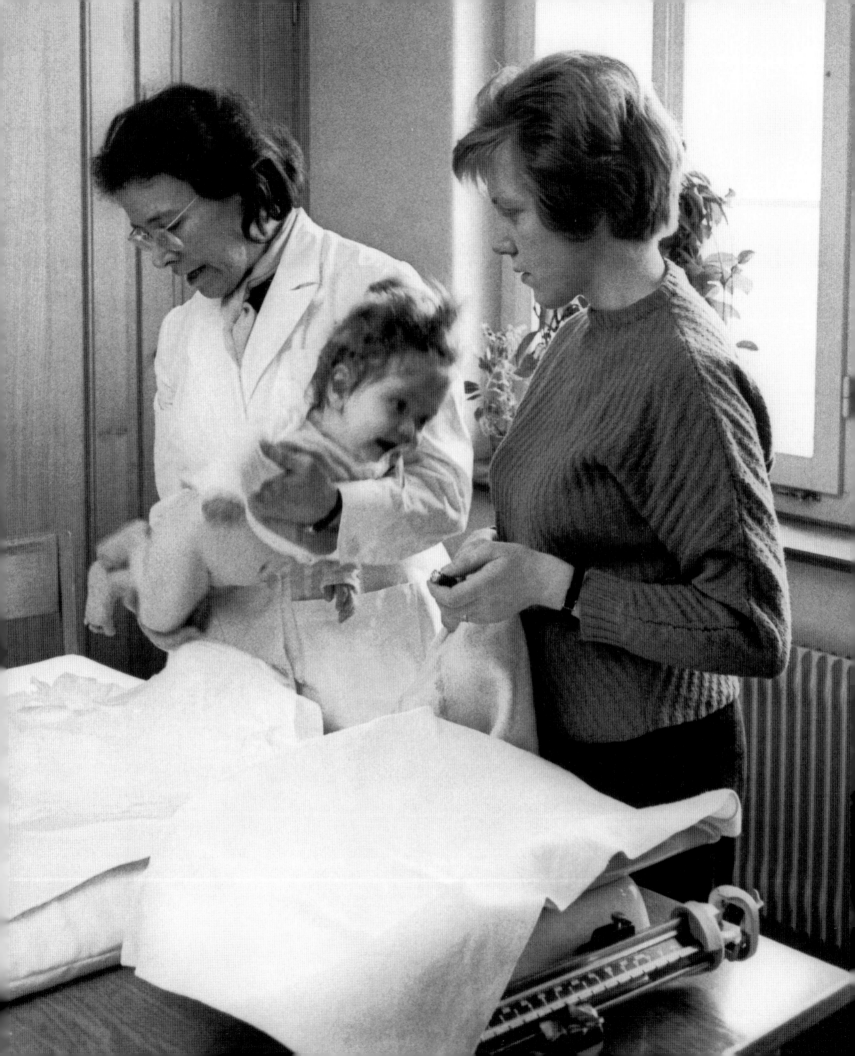

Schneemann, Dägerlen 1966.

Unterland

Unterland

Auf den Fotografien zu den Gemeinden im Unterland und Furttal kommt die Aufbruchstimmung der sechziger Jahre auf Schritt und Schritt zum Ausdruck: Elektrifizierung (Nürensdorf, Oberembrach) und moderne Kirchenarchitektur (Oberglatt, Dielsdorf), Industrielandschaften (Niederglatt, Otelfingen, Hüntwangen) und Babyboom (Bülach, Buchs). Auch in diesem Teil des Kantons Zürich wurde kräftig in die Zukunft investiert, mit neuen Einkaufsstätten (Buchs), zentralen Schulhäusern (Stadel) und importierten Traktoren (Niederweningen) für die motorisierte Landwirtschaft.

Die Regionalplanung der fünfziger und sechziger Jahre rückte das Städtchen Bülach in den Mittelpunkt der Region. Ähnlich wie Wetzikon im Oberland erhielt Bülach den Status einer Regionalstadt mit der Aufgabe, der Bevölkerung des Unterlandes städtische Dienste und kulturelle Einrichtungen in der eigenen Region anzubieten. Bülach war dazu auf gutem Weg. Das Städtchen, das seine Einwohnerzahl bereits in den fünfziger Jahren von 4600 auf 8200 fast verdoppelt hatte, überschritt in den sechziger Jahren die 10 000-Einwohner-Marke. Damit war das statistische Kriterium einer Stadt erfüllt, und Bülach ersetzte später, im Jahr 1974, die Gemeindeversammlung durch ein Stadtparlament. Die bereits in den fünfziger Jahren geplante Kantonsschule Zürcher Unterland wurde nach einiger Verspätung ebenfalls verwirklicht und 1972 in Bülach eröffnet.

Wie von der Regionalplanung erwartet, wurden nach 1960 auch andere Unterländer Gemeinden vom Bauboom erfasst. Der Bezirk Bülach realisierte in den sechziger Jahren die dritthöchste (plus 51 Prozent), der zweite Unterländer Bezirk Dielsdorf die zweithöchste (plus 60 Prozent) Wachstumsrate im Kanton Zürich (Bezirk Uster: plus 73 Prozent). Aber wie im Oberland war auch im Unterland nicht die von der Planung erhoffte Sogwirkung der Regionalstadt, sondern nach wie vor jene der Stadt Zürich für den baulichen Aufschwung verantwortlich. 1970 wiesen die in der Zürcher Agglomeration aufgegangenen Unterländer Randgemeinden Kloten (16 388) und Opfikon (11 115) mehr Einwohner auf als das raumplanerische Zentrum Bülach (11 043). Auch die Wachstumsgemeinden Wallisellen (10 415) und Regensdorf (8566) hatten sich nach der Kantonshauptstadt ausgerichtet.

Mit zunehmender Entfernung von Zürich flachte auch im Unterland die Wachstumskurve ab. Am westlichen Ende der Region, in Bachs, Stadel oder Wasterkingen, blieb die Bevölkerungszahl in den sechziger Jahren weitgehend konstant. Für diese kleineren Unterländer Gemeinden hatte Bülach durchaus den Stellenwert eines regionalen Zentrums. Im Süden der Regionalstadt entstand sogar eine städtische Agglomeration: Die Nachbargemeinden Höri und Bachenbülach, um 1960 zwei Dörfer mit unter 1000 Einwohnern, wuchsen in den sechziger Jahren zu Bülacher Vororten mit 2100 und 2300 Einwohnern heran.

Bauer mit Rind auf dem Weg zum Zuchtstier, Oberembrach 1969.

Unterwerk der Nordostschweizerischen Kraftwerke AG (NOK) im Ortsteil Breite in Nürensdorf, 1965.

Fasnachtsumzug in Bassersdorf, 1964.

Schulweg in Lufingen, 1965.

Jugendheim «Wohnschule Freienstein», Freienstein-Teufen 1964.

Kirchgänger von Freienstein-Teufen auf dem Rückweg nach dem Gottesdienst, 1965. Im Hintergrund die Kirche Rorbas, die gemeinsame Kirche der reformierten Kirchgemeinde Rorbas/Freienstein-Teufen.

Verkaufsgeschäft für Kinderwagen in Bülach, 1964.

Kinderspiele in Oberglatt, 1966.

Reformierte Kirche Oberglatt (erbaut 1964), 1966.

Chilbi Oberhasli (Gemeinde Niederhasli), 1964.

Metallwerke Refonda AG in Niederglatt, 1964.

Bauernkinder in Bachs, 1965.

Wehntaler Mosterei Brunner AG in Steinmaur, 1965.

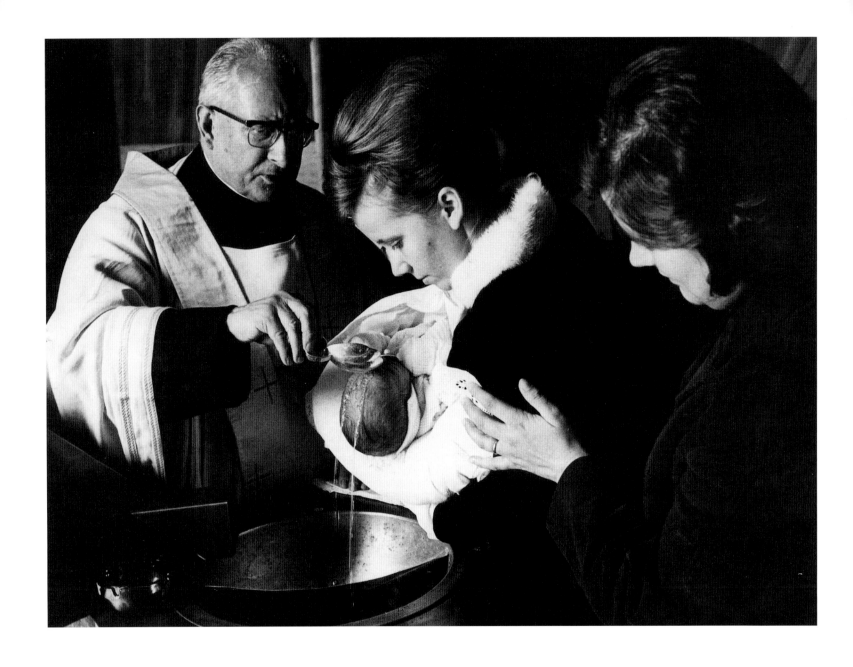

Katholische Kirche Dielsdorf, 1966.
Die steigende Zahl der katholischen Bevölkerung führte 1952 zur Abtrennung des Gebietes Dielsdorf-Niederhasli von der Pfarrei Bülach und zur Bildung der katholischen Pfarrei Dielsdorf. Katholische Pfarreien hatten damals noch den Status eines Vereins. Die junge Pfarrei Dielsdorf musste deshalb das Geld für den Bau einer Kirche in einer zehnjährigen Sammelaktion mit Bettelbriefen, Bettelpredigten und Basarverkäufen privat beschaffen. 1962 konnte die von Architekt Justus Dahinden entworfene St.-Paulus-Kirche schliesslich eingeweiht werden. 1963 wurde die katholische Kirche als zweite Zürcher Landeskirche anerkannt, was sie zum Steuereinzug berechtigte. Die Zahl der Pfarreien ist seither weiter gewachsen. Das damalige Gebiet der katholischen Kirchgemeinde Dielsdorf ist inzwischen aufgeteilt in die Pfarrei St. Paulus Dielsdorf und die 1995 gebildete Pfarrei St. Christophorus Niederhasli.

Neues Ladenzentrum Brunnenhof in Buchs, 1965.

Jugendliche mit Luftgewehren in Dällikon, 1965.

Otelfingen, 1965:
Tanklager im Industriegebiet, Mühle im Dorfkern.

Kartoffelfeld in Boppelsen, 1965.

Fiat-Traktoren auf dem Areal des Generalimporteurs Bucher-Gujer in Niederweningen, 1965.

Schulanlage Stadel, 1966.

Der Sekundarschulkreis Stadel umfasste seit der Gründung die Gemeinden Stadel, Bachs, Neerach und Weiach. 1958 legten diese Gemeinden auch die Primar-Oberstufe (siebte und achte Klasse) zusammen. Als gemeinsames Schulhaus für Sekundarschule, zentralisierte Primar-Oberstufe sowie die Primarschule Stadel diente das «Zentralschulhaus» Stadel (halb verdecktes Schulhaus im Hintergrund).

Nach der Oberstufenreform von 1959, die aus der bisherigen Primar-Oberstufe und der Sekundarschule eine dreigliedrige Oberstufe schuf, entstand 1964–1966 das neue Oberstufenschulhaus (Schulhaus im Vordergrund rechts). Für die Schulkinder von Bachs wurde ein Schulbus eingerichtet. Der Mittagstisch mit «Schulsuppe» war schon in der alten Sekundarschule Tradition.

< Hochfelden, 1965.
Verlauf der Glatt vor der Flusskorrektion 1983.

Laderampe der Mineralquelle
Eglisau AG, 1964.

Ehemalige Weberei Glattfelden, 1964.

Kieswerk Hüntwangen, 1966.

> Leichenwagen im Rafzerfeld, Wil 1966.

Im Altersheim Rafz, 1966.

Weinland

Weinland

Wie andere Zürcher Regionen wird auch das Weinland unterschiedlich definiert. In einigen Weinbüchern umfasst das Weinland den Bezirk Andelfingen und die Weinbauerndörfer des Bezirkes Winterthur, in andern zuweilen auch das Rafzerfeld im Bezirk Bülach. Das statistische Amt des Kantons Zürich zählt neben den Gemeinden des Bezirkes Andelfingen nur noch Altikon (Bezirk Winterthur) zur Region Weinland. Altikon besass in den sechziger Jahren allerdings kein einziges Stück Rebland. Der Einfachheit halber setzen wir deshalb das Weinland mit dem Gebiet des Bezirkes Andelfingen gleich.

So oder so wird der Name der Region gerecht. Der Bezirk Andelfingen wies in den sechziger Jahren mindestens doppelt so viel Rebland auf als jeder andere Zürcher Bezirk. 1962 waren im Bezirk Andelfingen insgesamt 152 Hektaren mit Reben bestückt, 1975 bereits 187 Hektaren. Was auf den ersten Blick auf einen Aufschwung hindeutet, war in Wirklichkeit eine Konsolidierung auf tiefem Niveau: Der seit Jahrzehnten anhaltende Niedergang des Weinbaus hatte in den sechziger Jahren die Talsohle erreicht.

Als Folge der legendären Weinbaukrise war das Rebland im Kanton Zürich zwischen 1880 und etwa 1966 von 5000 auf 390 Hektaren geschrumpft. Das Weinland überstand die Krise zwar etwas besser als andere Regionen. Aber auch hier lohnte sich der Rebbau nur noch an den besten Lagen. Wie die folgenden Aufnahmen zeigen, fiel der Weinbau dem Fotografen einzig in Trüllikon (Rebfläche 1962: 15,6 Hektaren) und Benken (14,9 Hektaren) besonders auf, den neben Kleinandelfingen (17,1 Hektaren) grössten Rebbaugemeinden im Weinland. Im kantonalen Vergleich war die Ausdehnung des Reblandes allerdings auch in diesen Gemeinden nicht spektakulär. Vier Zürcher Gemeinden besassen 1962 grössere Rebflächen: Meilen (18,6 Hektaren), Freienstein-Teufen (19 Hektaren), Weiningen (23 Hektaren) und Stäfa (31,9 Hektaren).

Obwohl der Rebbau an Bedeutung eingebüsst hatte, blieb das Weinland in den sechziger Jahren eine bäuerliche Region. Im Bezirk Andelfingen arbeiteten noch um 1970 über 20 Prozent der Erwerbstätigen im Landwirtschaftssektor, weit mehr als in jedem andern Bezirk (Affoltern: 10 Prozent; Horgen: 4 Prozent). Das war volkswirtschaftlich gesehen kein gutes Zeichen. Die nach dem Zweiten Weltkrieg forcierte Rationalisierung der Landwirtschaft hatte die Bauern in eine schwierige Lage gebracht. Einerseits zwang der hohe Kapitaleinsatz für Maschinen und Motoren zu immer höheren Erträgen. Anderseits stand der Agrarsektor an der Schwelle zur Überproduktion (Milchkontingentierung 1969). Das Resultat war wie in andern Regionen ein Konzentrationsprozess zulasten der kleinen und mittleren Höfe. Zwischen 1965 und 1975 wurden im Weinland über 300 bäuerliche Betriebe aufgegeben. Die Verluste in der Landwirtschaft wurden nicht kompensiert. Das Weinland registrierte in den sechziger Jahren weder einen wirtschaftlichen noch einen baulichen Aufschwung. Auch die Einwohnerzahl blieb nahezu stabil. Das Weinland ist letztlich die einzige Zürcher Region, für die die sechziger Jahre keine geschichtliche Wende bedeuteten.

Trocknen von Flachsbündeln, Dorf 1965.

Binden von «Wellen» (Brennholzbündel), Buch am Irchel 1965.

Mehrklassenschule Volken (erste bis dritte Klasse), 1965.

Husemersee bei Ossingen, 1966.

Grabmal auf dem Friedhof Andelfingen, 1966.
Die Gedenkstätte erinnert an die Opfer des Flugzeugabsturzes einer Swissair-Caravelle in Dürrenäsch am 4. September 1963. Unter den 80 Toten befanden sich 43 Einwohnerinnen und Einwohner aus Humlikon, die eine landwirtschaftliche Versuchsanstalt in der Nähe von Genf besuchen wollten. Durch den Absturz verlor Humlikon einen Fünftel der Einwohnerschaft und sämtliche Gemeinderäte und Schulpfleger. Die Verstorbenen, darunter 19 Ehepaare, hinterliessen 39 Vollwaisen und 7 Halbwaisen. Die Abdankung für die Humliker Opfer fand am 9. September 1963 in der Kirche Andelfingen statt.

< Weinlandbrücke über die Thur bei Andelfingen (1958 eingeweiht), 1966.

Dorfbrunnen in Kleinandelfingen, 1966.

Dorfbrunnen im Unterdorf Marthalen, 1966.

Aussiedlungshof in Thalheim an der Thur, 1966.

Rheinau, 1966: Bergkirche und Kloster, Gasthaus zum Salmen beim Rheinübergang.

Fischzucht bei Rheinau, 1966.

Blick vom Munot in Schaffhausen auf Feuerthalen, 1966.

Militärbunker auf dem Gemeindegebiet von Flurlingen, 1966 (im Hintergrund Neuhausen SH).

Gemeindeverwaltung Dachsen, 1966.

> Rheinfall und Schloss Laufen, 1966.

Weinlese in Trüllikon, 1965.

Dorfschwatz in Unterstammheim, 1965.

Dreschmaschine der Landwirtschaftlichen Genossenschaft
Truttikon, 1965.

Einrammen neuer Rebstickel, Benken
1965.

Gasthof Sonne in Benken, 1966.